改訂版 私立・国立
小学校入試 類似問題集
数量A

JN092428

Shinga-kai

1　計数①

Ａ **45秒**　Ｂ **1分**

Ａ

✂										
消しゴム										
✏										

Ｂ

☆										
⬠										
◇										
☐										

A 45秒　B 45秒

A

B

A 45秒 B 45秒

A

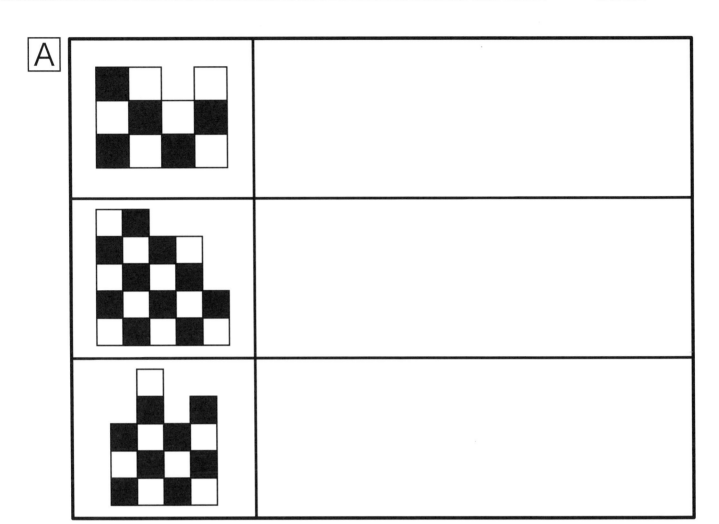

B

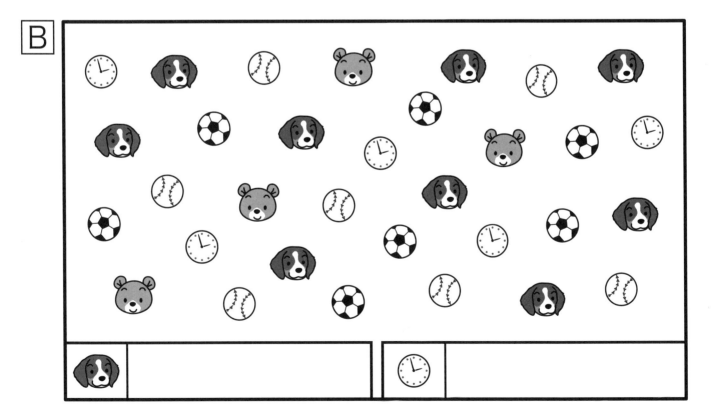

1分

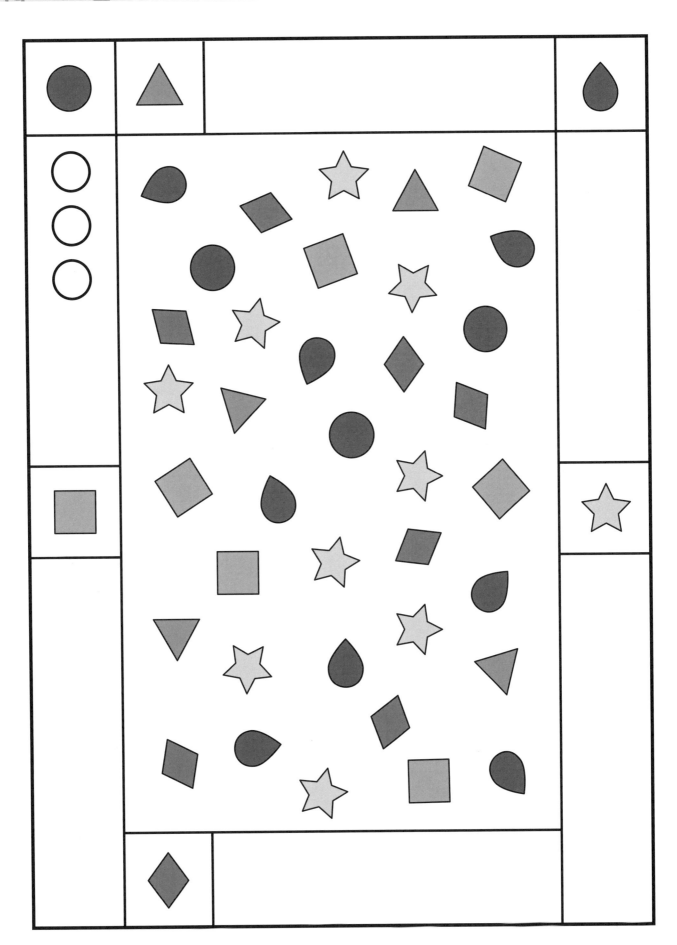

7 計数⑦

1分30秒

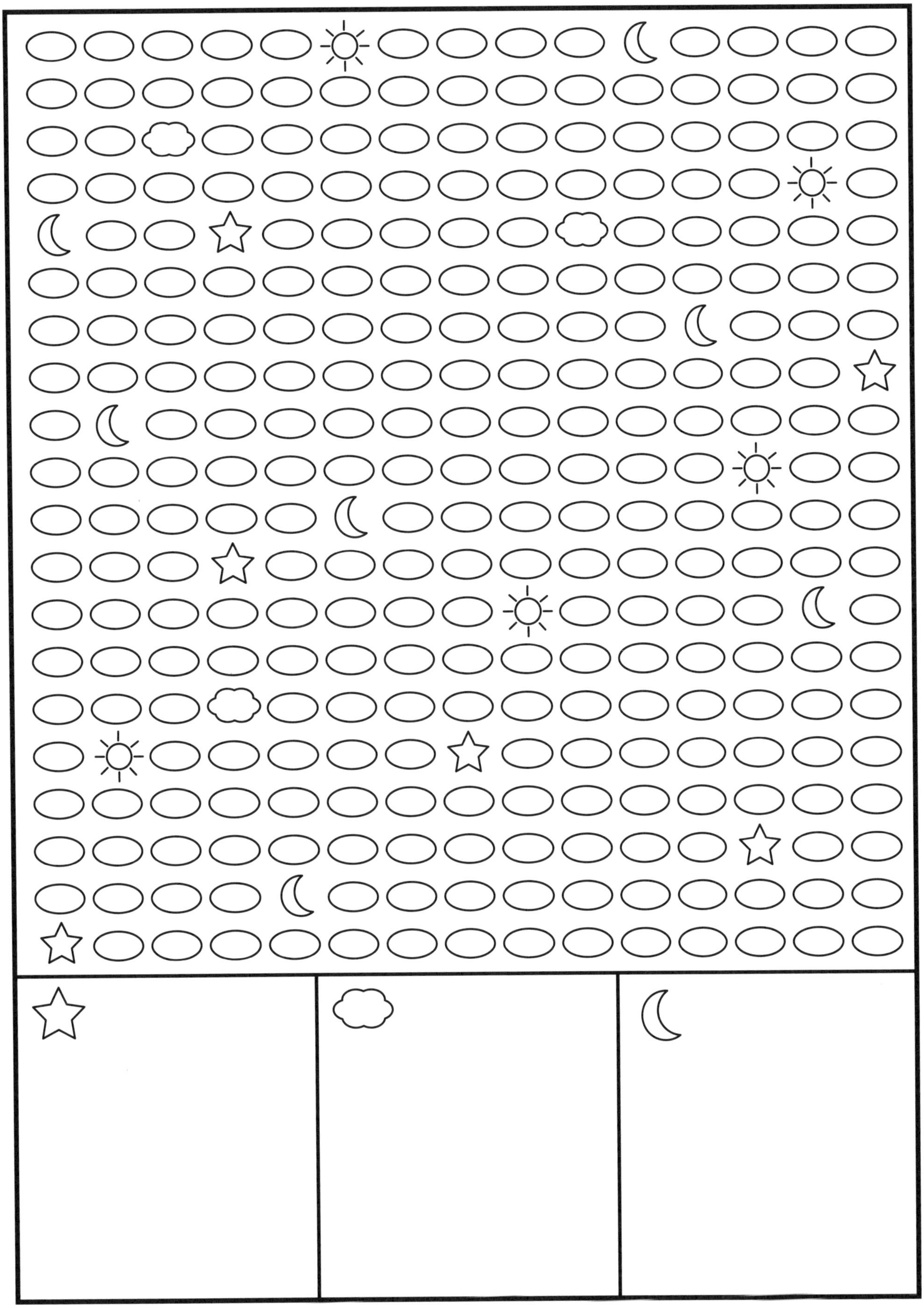

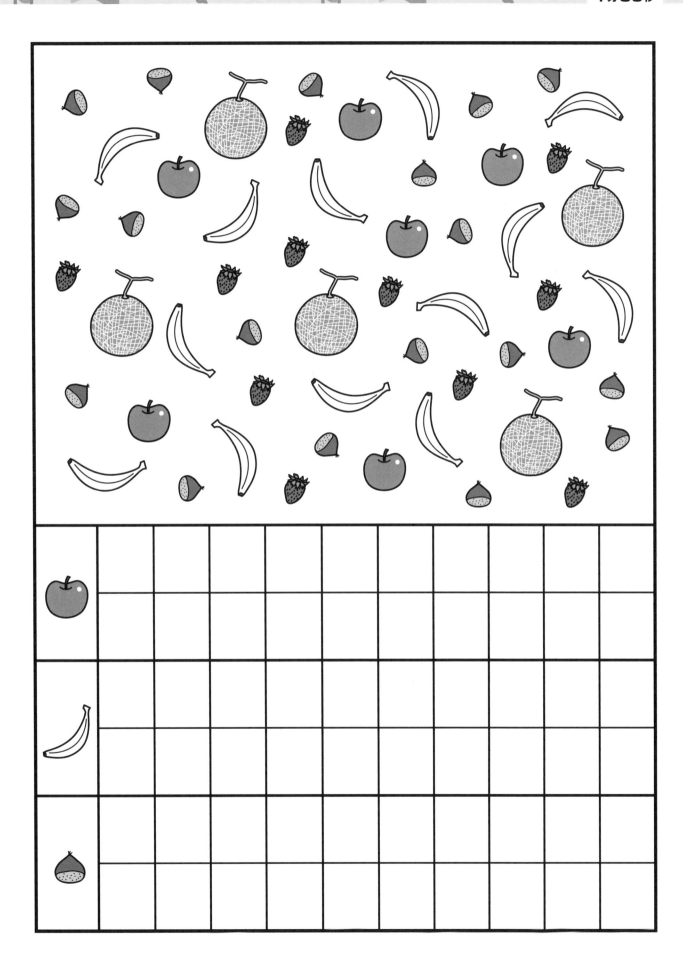

A
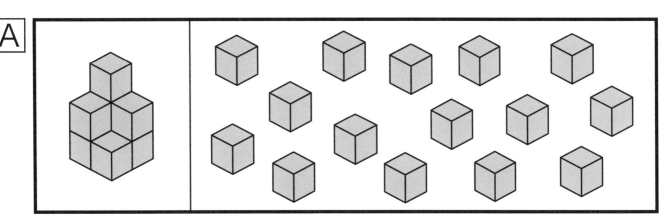

B
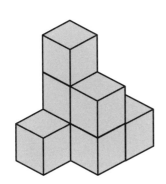

C

A 1分
 B 1分

A

B

A 1分 B 1分

A

B

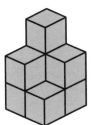

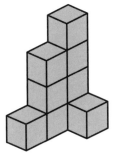

1分30秒

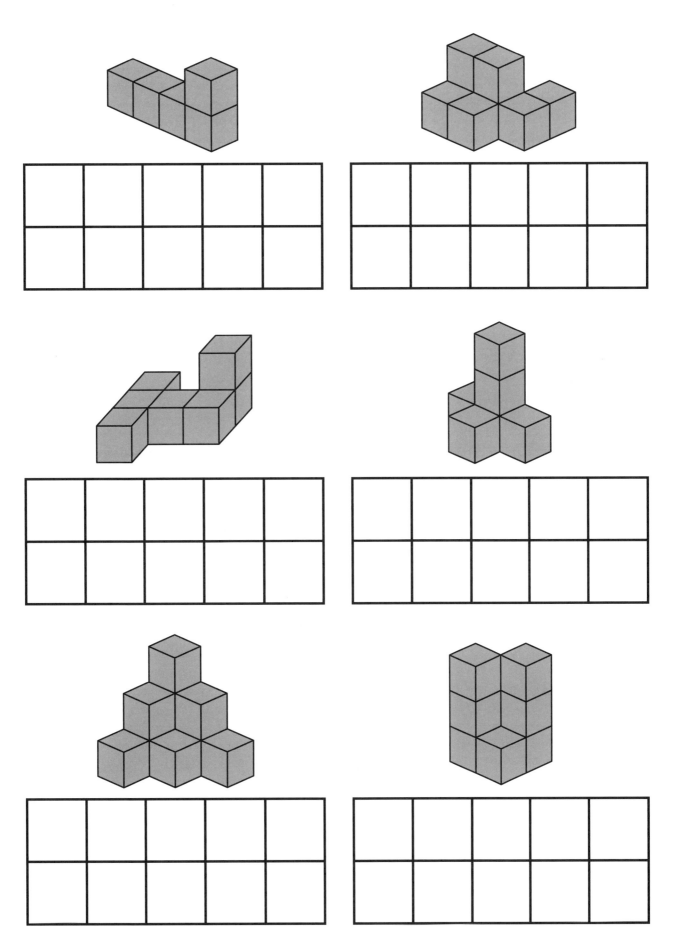

A 30秒　B 1分

29

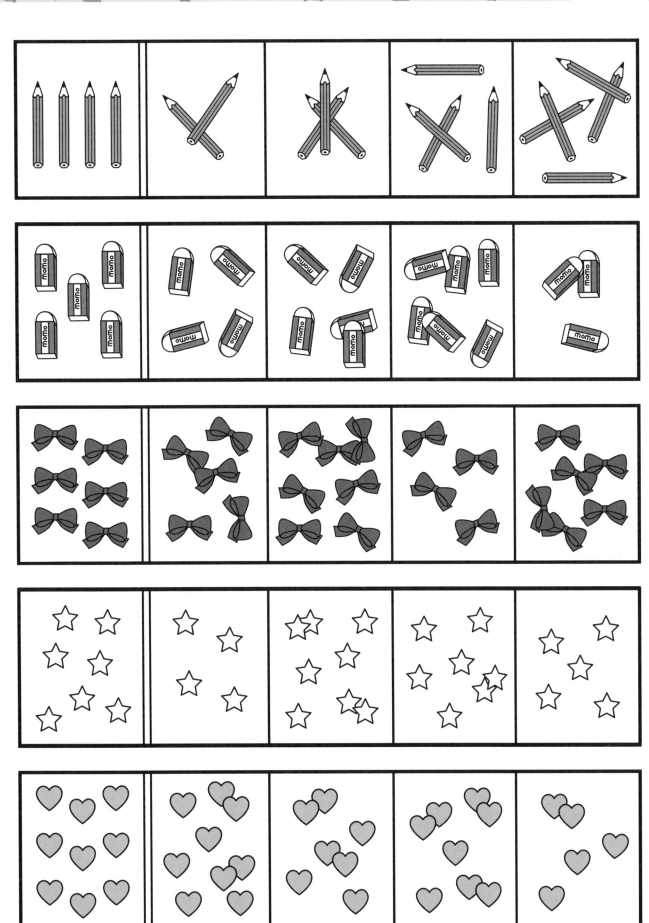

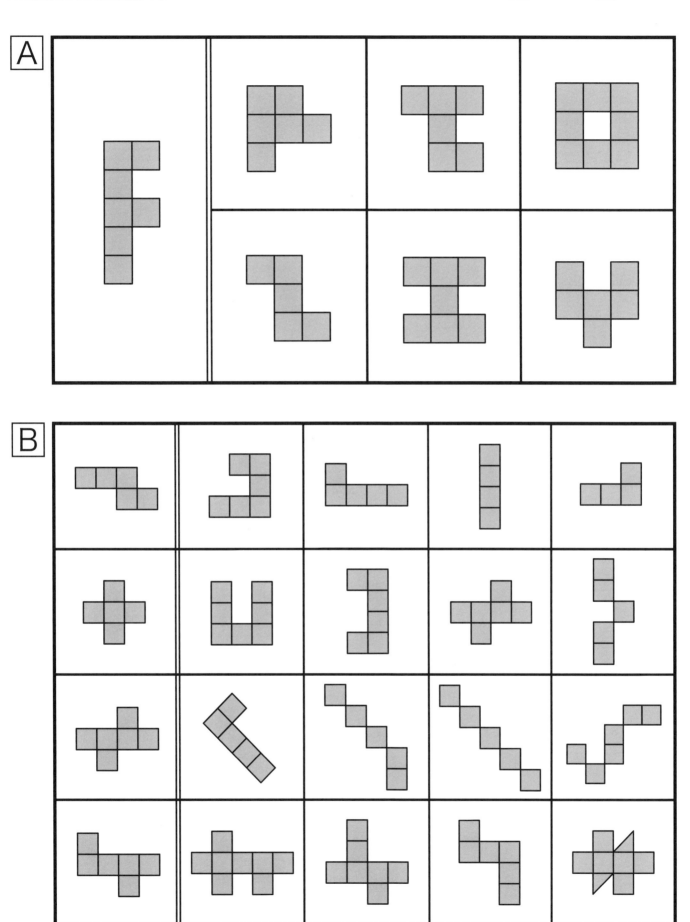

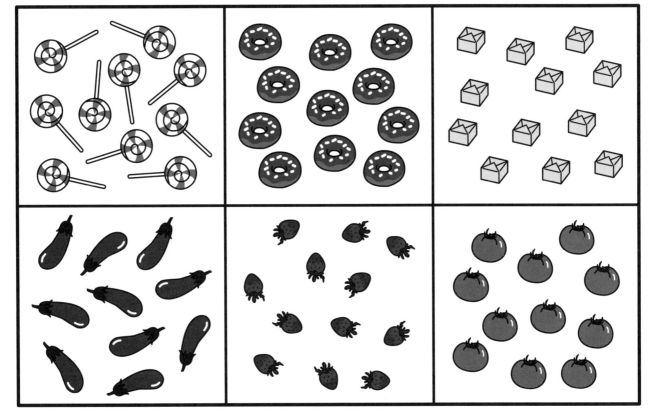

Ａ

Ｂ

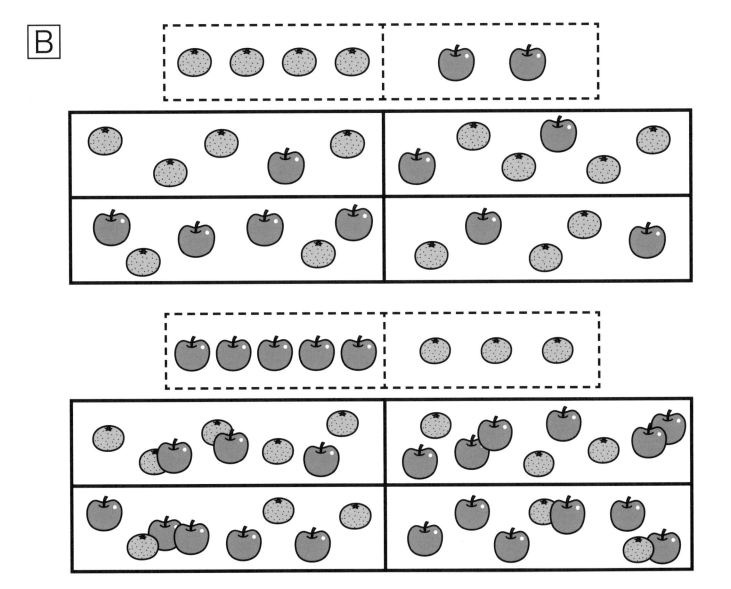

1分

40秒

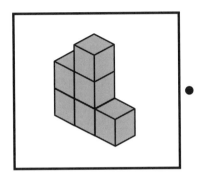 ・　　　・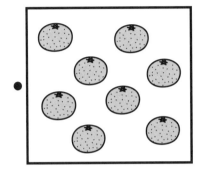

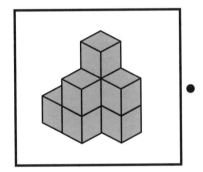 ・　　　・

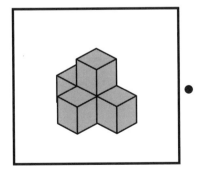 ・　　　・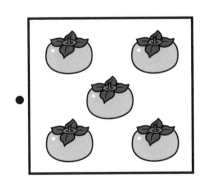

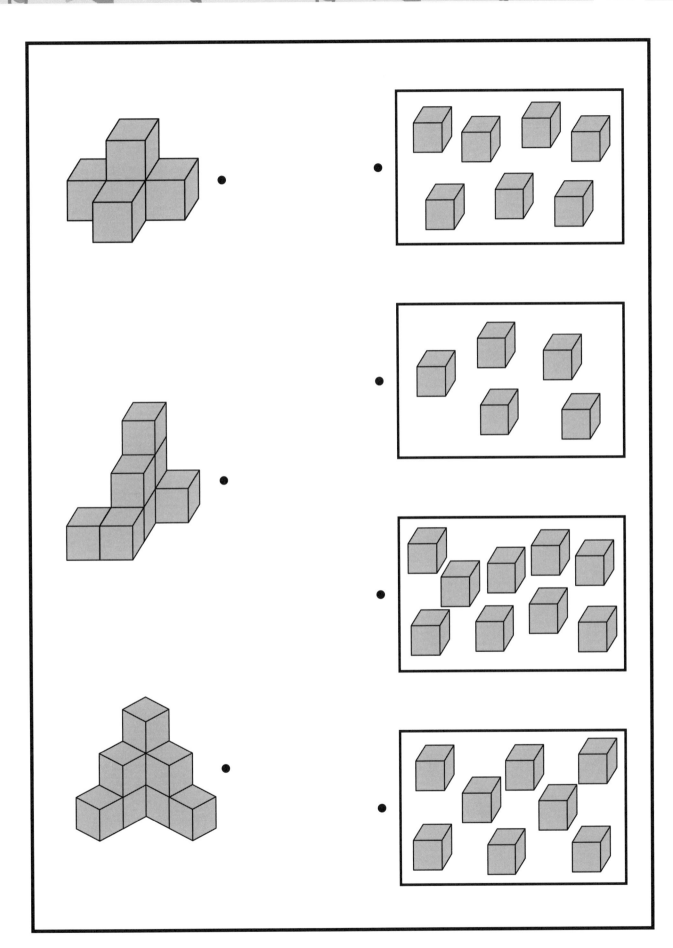

A

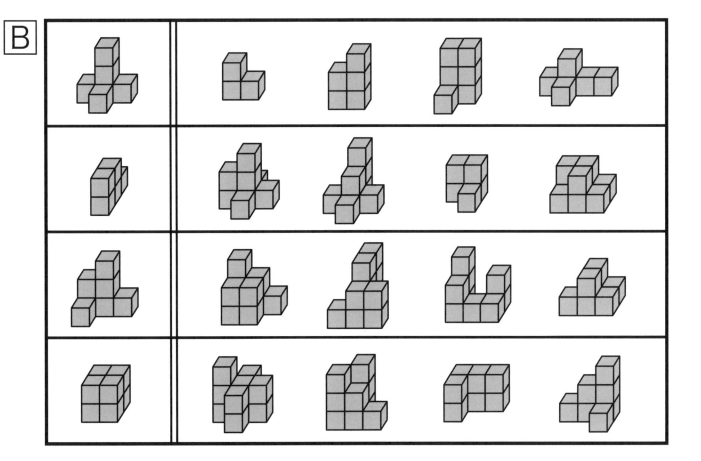

B

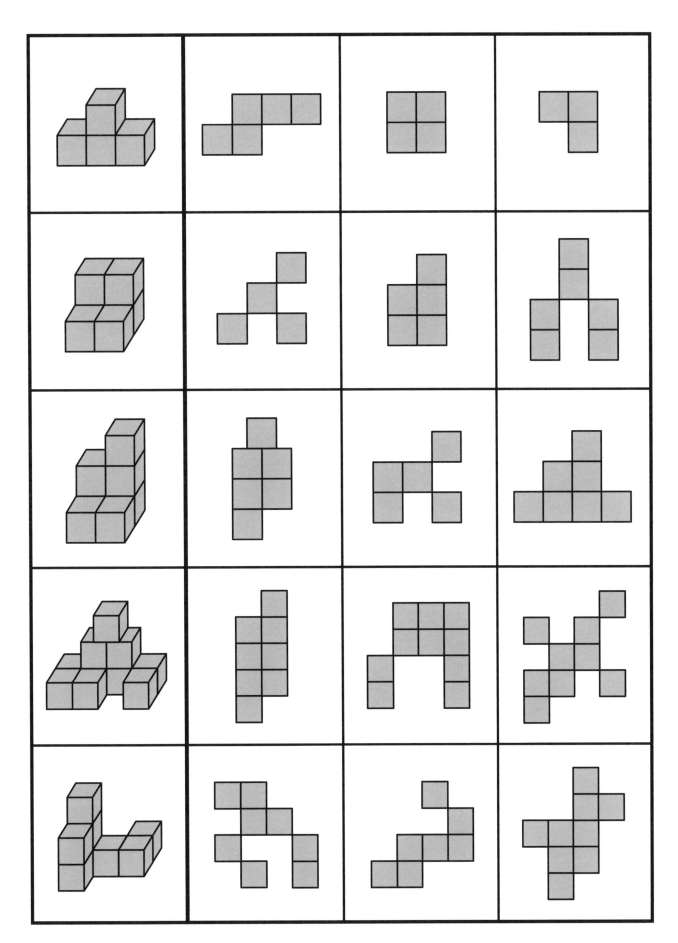

1分30秒

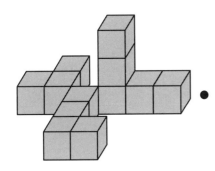

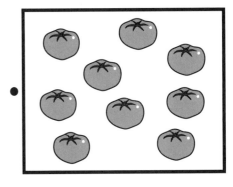

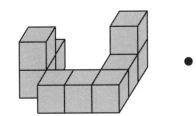

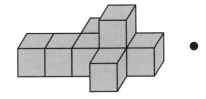

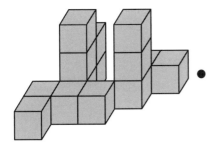

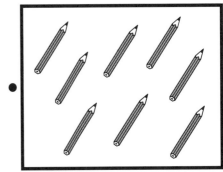

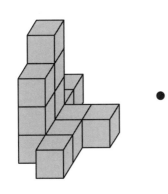

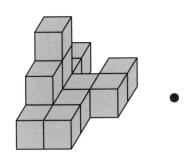

●

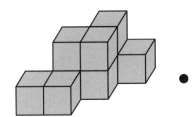

●

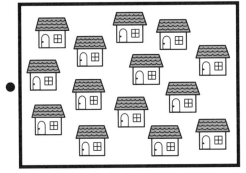

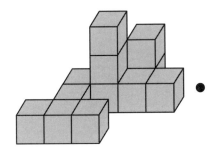

●

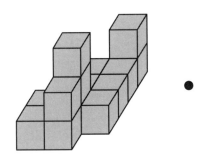

●

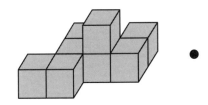

●

1分30秒

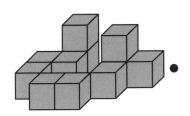

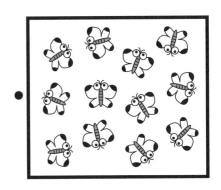

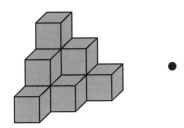

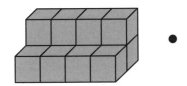

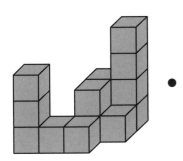

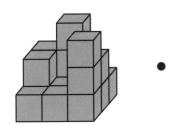

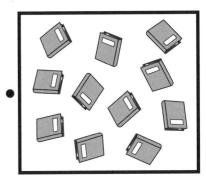

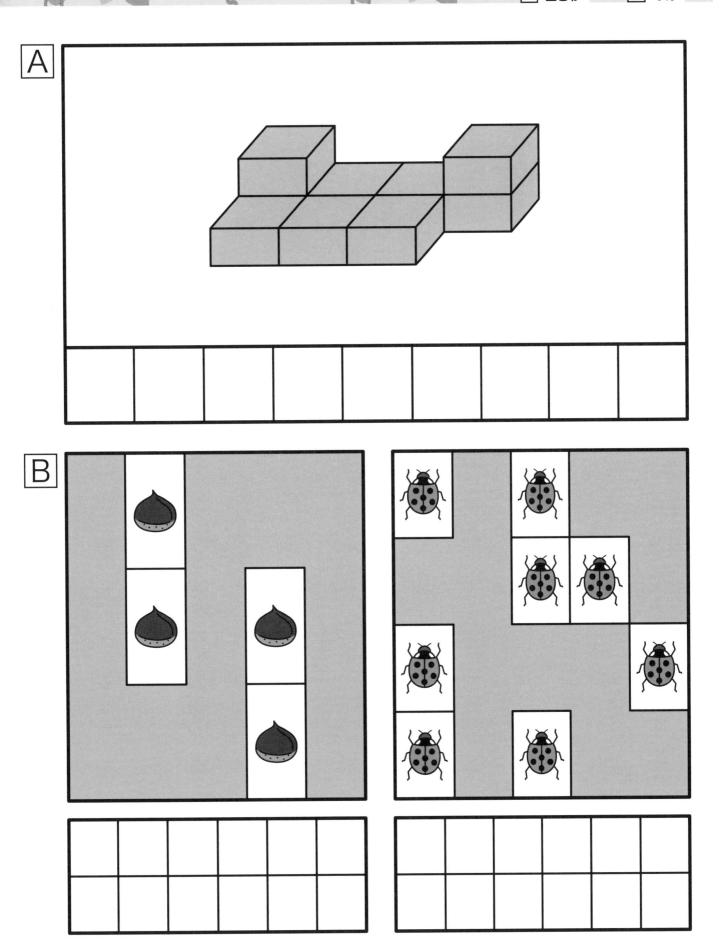

A

B

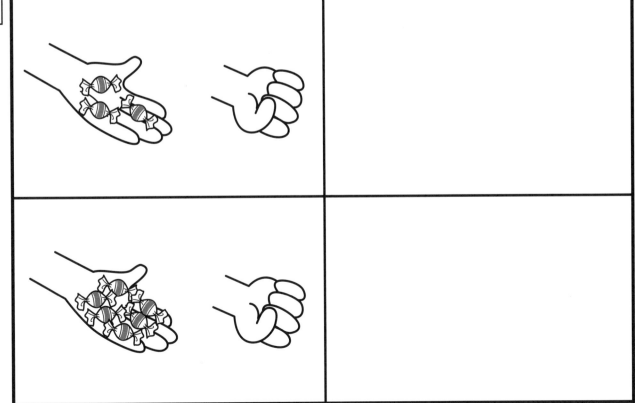

1分30秒

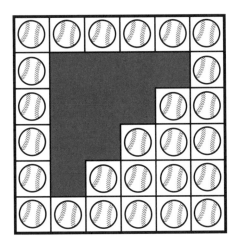

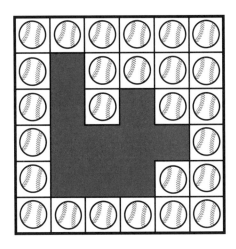

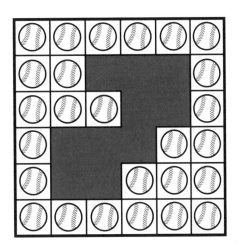

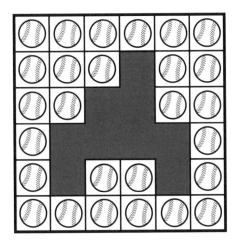

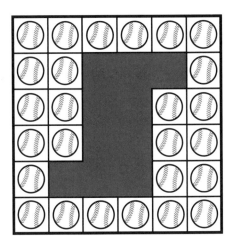

私立・国立
小学校入試類似問題集
数量A

問題・解答例

　「数量」の問題は、ほとんどの学校で毎年出題されています。その頻度の高さから、「数量」について多くの保護者が難しく考えているようです。小学校入試における「数量」は、計算ではありません。数をとらえることや、数のイメージを持たせることが大切ですので、普段の遊びやお手伝いの中で数の概念を身につけさせることが重要です。日常生活で培った力を土台として、入試問題に対応できる力を育むためにも、この問題集は有効です。

●保護者へのアドバイス

　「数量」の問題は、易しいものから難しいものまであります。数量Aでは、数を数える計数や、同数のものを見つける同数発見など、数の概念の基本を培う問題を豊富にしました。数は日常生活に密着しており、子どもは直観で「多少」がわかっていたりします。さらに「いくつ多いの？」と聞くと、数える必要が生じ、具体的な差がわかるようになります。このように子どもはいろいろな体験を通して、数の概念を学習しているのです。この問題集を使って、お子さんが正確に数える力を伸ばし、数に対してどのような体験が不足しているかを見つけ、それを生活の中で補ってあげましょう。

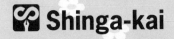 Shinga-kai

1 計数① ★★★

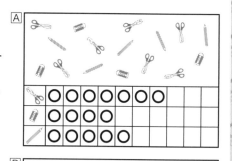

A

●大きな四角の中に、はさみと消しゴム、鉛筆はそれぞれいくつありますか。その数だけ、それぞれの絵の横のマス目に1つずつ○をかきましょう。

B

●大きな四角の中に、4つの形がかいてあります。形はそれぞれいくつありますか。その数だけ、それぞれの形の横のマス目に1つずつ○をかきましょう。

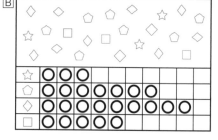

A 時間	1回目	2回目	3回目
	1分	50秒	45秒

B 時間	1回目	2回目	3回目
	1分20秒	1分10秒	1分

2 計数② ★★★

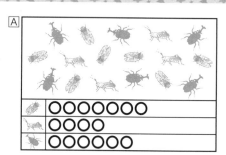

A

●大きな四角の中に、虫はそれぞれ何匹いますか。その数だけ、それぞれの絵の横の長四角に○をかきましょう。

B

●大きな四角の中に、ドングリ、モミジ、イチョウはそれぞれいくつありますか。その数だけ、それぞれの絵の横のマス目に1つずつ○をかきましょう。

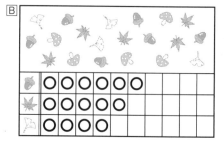

A 時間	1回目	2回目	3回目
	1分	50秒	45秒

B 時間	1回目	2回目	3回目
	1分	50秒	45秒

3 計数③ ★★★

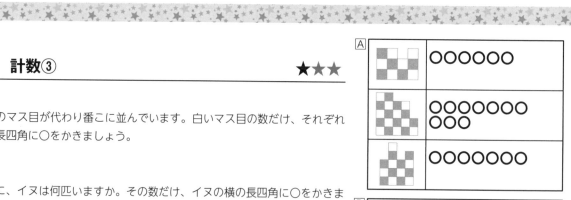

A

●黒と白のマス目が代わり番こに並んでいます。白いマス目の数だけ、それぞれの横の長四角に○をかきましょう。

B

●絵の中に、イヌは何匹いますか。その数だけ、イヌの横の長四角に○をかきましょう。
●絵の中に、時計はいくつありますか。その数だけ、時計の横の長四角に○をかきましょう。

A 時間	1回目	2回目	3回目
	1分	50秒	45秒

B 時間	1回目	2回目	3回目
	1分	50秒	45秒

4 計数④　　★★★

●上の大きな四角に、お花がたくさんありますね。ではその下を見てください。左端のお花は、上の大きな四角の中にいくつありますか。その数だけ、それぞれの右の長四角に○をかきましょう。下の2段は、2つのお花を合わせた数をかきましょう。

時間	1回目	2回目	3回目
	／1分50秒	／1分40秒	／1分30秒

5 計数⑤　　★★★

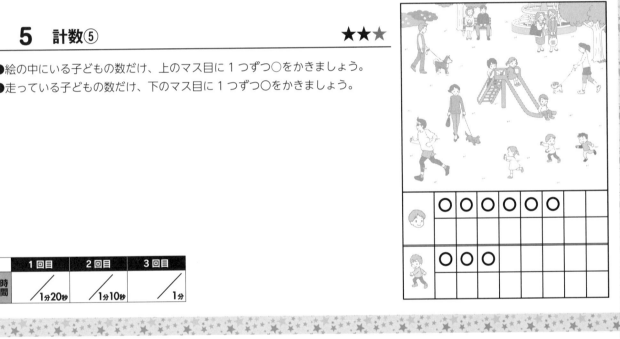

●絵の中にいる子どもの数だけ、上のマス目に1つずつ○をかきましょう。
●走っている子どもの数だけ、下のマス目に1つずつ○をかきましょう。

時間	1回目	2回目	3回目
	／1分20秒	／1分10秒	／1分

6 計数⑥　　★★★

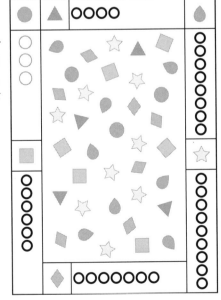

●左上に丸があり、その下に○が3個かいてありますね。これは、真ん中の大きな四角の中に丸が3個あるので、その数だけ○がかいてあるということです。では同じように、真ん中の大きな四角の中にある形をそれぞれ数えて、形の下か右にある長四角にその数だけ○をかきましょう。

時間	1回目	2回目	3回目
	／1分50秒	／1分40秒	／1分30秒

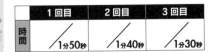

7　計数⑦　★★★

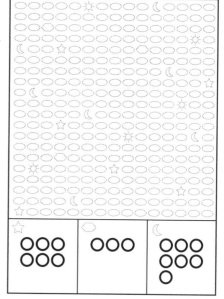

●上の大きな四角の中に、いろいろな形があります。下の四角にかいてある形は、上の大きな四角の中にそれぞれいくつありますか。その数だけ○をかきましょう。お日様は数えません。

時間	1回目	2回目	3回目
	／1分50秒	／1分40秒	／1分30秒

8　計数⑧　★★★

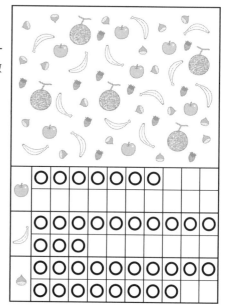

●上の四角の中に、リンゴ、バナナ、クリはそれぞれいくつありますか。その数だけ、下の絵の横のマス目に1つずつ○をかきましょう。

時間	1回目	2回目	3回目
	／1分50秒	／1分40秒	／1分30秒

9　積み木の数①　★★★

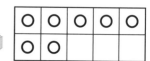

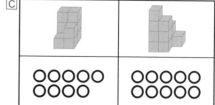

A
●左の積み木は全部でいくつありますか。その数だけ、右の積み木に1つずつ○をつけましょう。

B
●左の積み木は全部でいくつありますか。その数だけ、右のマス目に1つずつ○をかきましょう。

C
●上の積み木は全部でいくつありますか。その数だけ、下の長四角に○をかきましょう。

A 時間	1回目	2回目	3回目
	／30秒	／25秒	／20秒

B 時間	1回目	2回目	3回目
	／40秒	／35秒	／30秒

C 時間	1回目	2回目	3回目
	／50秒	／45秒	／40秒

10 積み木の数②　★★★

A

●左の積み木は全部でいくつありますか。その数だけ、右の○を塗りましょう。

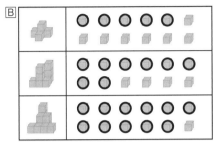

B

●左の積み木は全部でいくつありますか。その数だけ、右の積み木に1つずつ○をつけましょう。

A 時間	1回目	2回目	3回目
	1分20秒	1分10秒	1分

B 時間	1回目	2回目	3回目
	1分20秒	1分10秒	1分

---

11 積み木の数③　★★★

A

●左の積み木は全部でいくつありますか。その数だけ、右の長四角に○をかきましょう。

B

●上の積み木は全部でいくつありますか。その数だけ、下のマス目に1つずつ○をかきましょう。

A 時間	1回目	2回目	3回目
	1分20秒	1分10秒	1分

B 時間	1回目	2回目	3回目
	1分20秒	1分10秒	1分

---

12 積み木の数④　★★★

●それぞれの積み木の数だけ、すぐ下のマス目に1つずつ○をかきましょう。

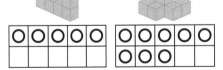
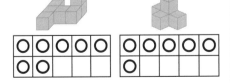
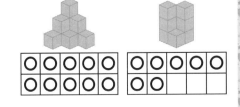

時間	1回目	2回目	3回目
	1分50秒	1分40秒	1分30秒

73

13　積み木の数⑤　★★★

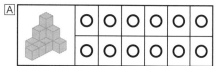

A

●左の積み木は全部でいくつありますか。その数だけ、右のマス目に１つずつ○をかきましょう。

B

●左の積み木は全部でいくつありますか。その数だけ、右のマス目に１つずつ○をかきましょう。

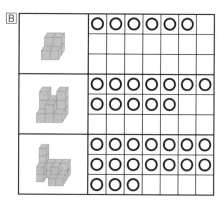

A 時間	1回目	2回目	3回目
	40秒	35秒	30秒

B 時間	1回目	2回目	3回目
	1分20秒	1分10秒	1分

14　積み木の数⑥　★★★

●それぞれの積み木の数だけ、右のマス目に１つずつ○をかきましょう。

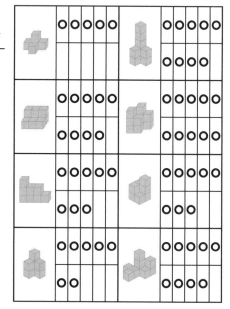

時間	1回目	2回目	3回目
	1分50秒	1分40秒	1分30秒

15　同数発見①　★★★

●左端のお手本と数が同じ四角を右から選んで、○をつけましょう。

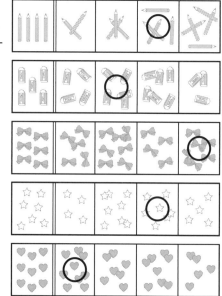

時間	1回目	2回目	3回目
	1分30秒	1分20秒	1分10秒

16 同数発見②　　★★★

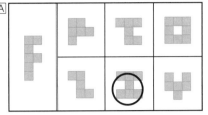

A

●左のお手本と同じ数の四角でできているものはどれですか。右から選んで○を
つけましょう。

B

●左のお手本と同じ数の四角でできているものはどれですか。右から選んで○を
つけましょう。

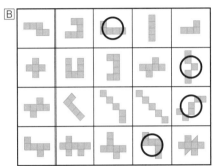

時間	1回目	2回目	3回目
A	/1分	/50秒	/45秒

時間	1回目	2回目	3回目
B	/1分50秒	/1分35秒	/1分20秒

17 同数発見③　　★★★

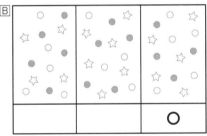

A

●上にかいてあるサイコロの目を全部合わせて、それと同じ数だけ絵が描いてあ
る四角に○をつけましょう。

B

●白丸が5個、黒丸が4個、星が5個ある四角はどれですか。その下の四角に
○をかきましょう。

時間	1回目	2回目	3回目
A	/50秒	/45秒	/40秒

時間	1回目	2回目	3回目
B	/45秒	/35秒	/30秒

18 同数発見④　　★★★

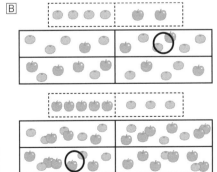

A

●左のお手本のように、白と黒の星の数が同じ四角を右から選んで、○をつけま
しょう。

B

●点線の中の果物が同じ数だけ入っている四角を、すぐ下から探して○をつけま
しょう。

時間	1回目	2回目	3回目
A	/1分	/50秒	/45秒

時間	1回目	2回目	3回目
B	/1分20秒	/1分10秒	/1分

19 同数発見⑤ ★★★

●左の四角と同じ数のものを右側から選んで、〇をつけましょう。

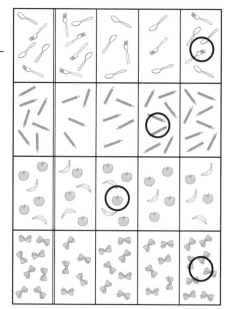

時間	1回目	2回目	3回目
	1分20秒	1分10秒	1分

20 同数発見⑥ ★★★

●左の積み木と同じ数の果物を右から選んで、点と点を線で結びましょう。

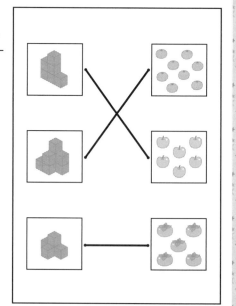

時間	1回目	2回目	3回目
	50秒	45秒	40秒

21 同数発見⑦ ★★★

●左の積み木と同じ数の積み木を右から選んで、点と点を線で結びましょう。

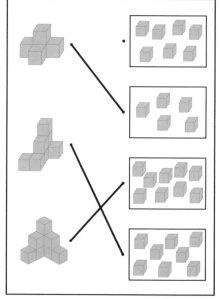

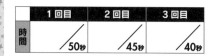

時間	1回目	2回目	3回目
	50秒	45秒	40秒

22　同数発見⑧　★★★

●上の四角の中にあるお手本と同じ数の積み木を下から選んで、○をつけましょう。

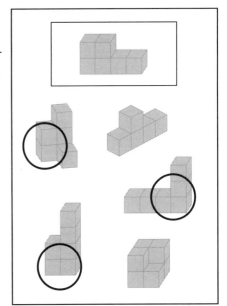

時間	1回目	2回目	3回目
	/1分	/50秒	/45秒

23　同数発見⑨　★★★

●上の四角の中にあるお手本と同じ数の積み木を下から選んで、○をつけましょう。

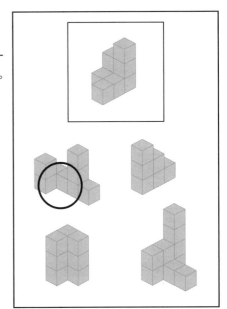

時間	1回目	2回目	3回目
	/1分	/50秒	/45秒

24　同数発見⑩　★★★

Ａ
●左の積み木と同じ数の積み木を右から選んで、○をつけましょう。

Ｂ
●左の積み木と同じ数の積み木を右から選んで、○をつけましょう。

時間	1回目	2回目	3回目
Ａ	/1分20秒	/1分10秒	/1分

時間	1回目	2回目	3回目
Ｂ	/1分40秒	/1分30秒	/1分20秒

25 同数発見⑪　★★★

●左端のお手本の積み木と同じ数のものがある四角を右から選んで、○をつけましょう。

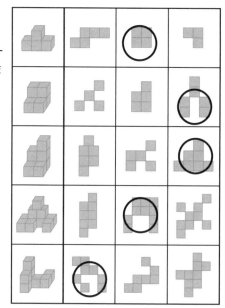

26 同数発見⑫　★★★

●左端のお手本の積み木と同じ数のものがある四角を右から選んで、○をつけましょう。

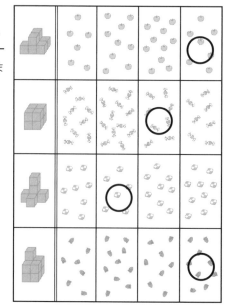

27 同数発見⑬　★★★

●左端の黒丸と同じ数の積み木を右から選んで、○をつけましょう。

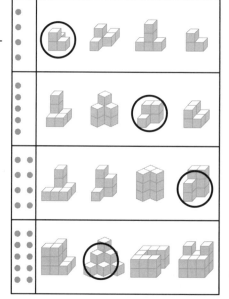

28 同数発見⑭ ★★★

●左の積み木と同じ数のものを右から選んで、点と点を線で結びましょう。

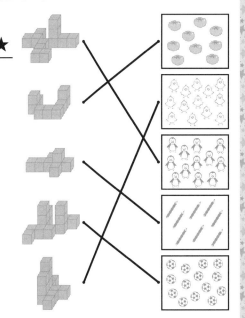

時間	1回目	2回目	3回目
	1分50秒	1分40秒	1分30秒

29 同数発見⑮ ★★★

●左の積み木と同じ数のものを右から選んで、点と点を線で結びましょう。

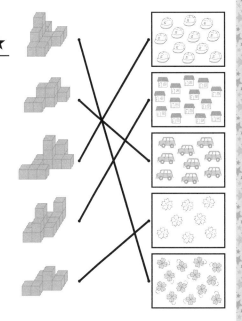

時間	1回目	2回目	3回目
	1分50秒	1分40秒	1分30秒

30 同数発見⑯ ★★★

●左の積み木と同じ数のものを右から選んで、点と点を線で結びましょう。

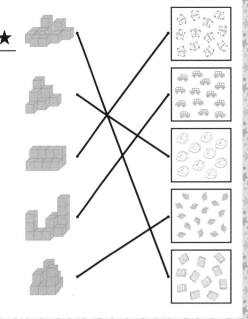

時間	1回目	2回目	3回目
	1分50秒	1分40秒	1分30秒

31　見えない数①　★★★

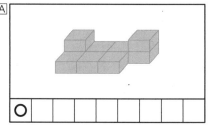

A

●積み木が積んであります。この中で、見えないところに積み木はいくつありますか。その数だけ、下のマス目に1つずつ○をかきましょう。

B

●四角い枠の中に、同じカードがすき間なく並べてありますが、隠れて見えないところがあります。隠れているカードは何枚ですか。その数だけ、すぐ下のマス目に1つずつ○をかきましょう。右もやりましょう。

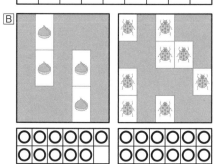

A 時間	1回目	2回目	3回目
	/30秒	/25秒	/20秒

B 時間	1回目	2回目	3回目
	/1分20秒	/1分10秒	/1分

32　見えない数②　★★★

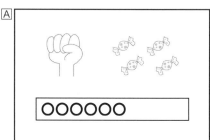

A

●アメが全部で10個あります。握っている手の中には、アメは何個ありますか。その数だけ、下の長四角に○をかきましょう。

B

●アメを全部で9個持っています。左手に絵の数だけ持っているとすると、右手には何個持っていますか。その数だけ、右の四角に○をかきましょう。

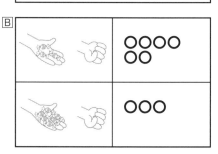

A 時間	1回目	2回目	3回目
	/40秒	/35秒	/30秒

B 時間	1回目	2回目	3回目
	/50秒	/45秒	/40秒

33　見えない数③　★★★

●四角い箱の区切りの中にボールが1つずつ入っていますが、ボールが隠れているところがあります。5つの箱の中で、隠れているボールの数がほかの箱と違うものに○をつけましょう。

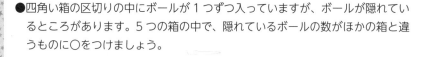

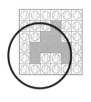

時間	1回目	2回目	3回目
	/1分50秒	/1分40秒	/1分30秒